AF201004

Thomas Böndell

Hamningberg

GEDICHTE

&

ERZÄHLUNG

RADIERUNGEN
WASSERHOLZ I / WASSERHOLZ III
VOLKER ALTENHOF
.

FOTOS
THOMAS BÖNDELL

Thomas Böndell

Hamningberg

Gedichte & Erzählung

Bibliografische Information der Deutschen Nationalbibliothek:
Die Deutsche Nationalbibliothek verzeichnet diese Publikation in
der Deutschen Nationalbibliografie; detaillierte bibliografische
Daten sind im Internet über http://dnb.dnb.de abrufbar.

Lektorat: Christine Gindorf
Herstellung und Verlag: BoD – Books on Demand, Norderstedt

ISBN: 978-3-7504-5132-2

heute ist alles anders

heute ist alles anders

die gänse rufen polyphoner

das radio bleibt still

atem findet raum

das licht der morgensonne

so tief leuchtend

da bereitet sich etwas vor

ein neuer versuch

immer

und immer wieder

frühling will`s werden

sommersatt

der falbe steht dösend

im schatten einer fichte

den huf zur ruhe geknixt

sommersatt

wiederkäuende wiesenschiffe

im pulk

so da

hindümpelnd

ihre schweren

übervollen euter

vor sich in das gras gebettet

sommersatt

das meer der gerstenähren

schwelgt

im windwalzer und

gilbt aus dem grünen heraus

sommersatt

ein blühendes duftfarbenkonzert

mit holunder schafgabe

kamille und mohn

sommersatt

seid fruchtbar & mehret euch

wachsen wuchern

überwuchern

sommersatt

geöffnete poren

fenster und türen

erweiterter raum

sommersatt

herbstzeit

wenn im spätherbst

das gehölz sich lichtet

dem knickverlauf folgend

erklimme ich

diesen ackerwall

schiebe mich durch

und teile

dichtes astwerk

voran ins verschwinden

unsichtbar werden

in diesem beichtstuhl unter freiem himmel

diesem niemandsland

dem summen und raunen

der feldsteine lauschen

drehstöcken begegnen

aus dem unsichtbaren

welt betrachten

an leichtigkeit gewinnen

an zauberkraft

dem schamanen

zulächeln

die hexe begrüßen

bevor

der schnitter kommt

mit seiner großen schere

diesen saum

auf den stock setzt

schneeschmelze

es umgab ihm klar umgrenzter raum

voll hineingebrannter wärme

da draußen

da war ruhe

stillstand

frostiger schlaf

geschlossene erde vergessen ihr sog

und auch erleichtert der blick

folgt im weißen

schwarzdunklen eindeutigkeiten

in der nacht kamen winde

die zerstörten

ringsherum stumpfsuppendes

aufweichen

sackt in sich fließt ab

dem noch eisgedeckten rinnsal bleibt

nicht die zeit sich zu öffnen

schwemmwasser warten nicht

schon feuchtet der raum

in auflösung drängt es von draußen

auch hitziger ofenbrand kann dem

nicht widerstehen

er tritt vor die tür in dies

feuchtgekräusel

da fesselt dump erdfarbenes

hier und dort seinen blick

der weicht aus

ist entwöhnt

will weitersegeln

selig bleiben

und doch

sieht er das rund aus feldsteinen

dort wo es war

dem brandklotz inmitten

fehlt

sein weißes häubchen

die himmelsleiter

auf hölzernen sprossen

dem himmel entgegen

birke

buche - ahorn

esche - eibe - erle - linde

hasel

holunder - holunder

noch bewege ich mich

im rahmen

meiner vorstellungskraft

jedoch

was tut das seepferdchen

dort auf der wolke?

reicht mir

die friedenspfeife

und

ist sich seines schattens genug?

Die Karavane

Liebe Signe

Deine Botschaft kam unvermittelt

rasant herbeigeweht vom Nordwind

der uns die Nasen kühlt

in Ofenecken treibt

noch schlummern läßt

das behutsame Öffnen Deines Briefes

gibt Zeit

all die wohlgesetzten Siegel aus

harzigem Eis

unter Bindungen aus Moosgeflecht

zwischen Zupfen und Schmelzen

sehe ich in langer Weile

eine Karawane ziehen

vom Meer zum Meer

ihr Gepäck voller Gewicht

Verstrebungen Kreisen

hölzernem Schnitzwerk

an ihren Lagerplätzen

wachsen kleine Oasen heran

strecken getürmte Kreise

sich windend ins Schweigen

dort

in schweifheller Nacht

sehe ich Schneckenleiber

aus Schlafhöhlen schleimen

langsamwalzig

mit Bedacht

regsam

sie bitten zum Tanz

Liebe, grüße mir Grens-Jakobselv

ich umarme Dich

blickfang

ein nebliglau sommerschwall

verirrt in herbstgezeiten füllt den koog

gen osten verwehter ulmenwuchs schützt

nahnsens hof

verästelt stürme in winde

in dieser nacht thronen die lüfte

feuchten dämpfe

tröpfeln wasser

dichten

suchen ihren halt

schwellen an zum fall

tönen trockenspritzig ab im blattklang

taktvoll großer tropfenchor

synkopenreigen

stillstand

doch da im innenhof

in weißdunklen schwaden

da leuchten feurig augen

glitzert silbrig blattwerk

tanzen keckeifrig flämmchen im

kronenwuchs

lecken an fruchtigen wangen

sinne umpfangen freudiges fest

nehmen teil

lassen dankbar sich bewirten

mitten im tropfenfall

die totentanzorgel

es ist die zeit in der schmarotzer sprießen

erdenwuchs ist ihnen verwehrt

hängen sich an

saugen aus

unter riesigen baumleibern stöhnen die

wurzelwerke

können es nicht fassen

ihr erdengriff erlahmt

das ist die stund des knochenkerls

müde klappert er aus seiner gruft

stelzt wirbelknorrig quer durch den

altarraum hin zum Spieltisch

der ist erleuchtet

das mondweib

prallvoll des sonnenlichts

läßt unerbittlich ihren widerschein

durch das gotsche totentanzfenster fallen

nun denn du mein tanzörgelchen

dein organist sitzt vor dir

zieht die register greift in die tastaturen

spirriges gebein drückt in das pedal

laßt uns den reigen beginnen

klangwirbel füllen den raum

steigen auf schwingen hinab

säulen erbeben

gekreutzte balken

zerren an ihren ketten

da erfaßt leben den pfeifenraum

tonkörper

sonst in reih und glied

im pfeifenstock verankert

beginnen leicht wacklig zuerst

dann hopsig trollend

miteinander zu tanzen

der prinzipal tritt heraus

aus seinem prospekt

greift sich ein mixturengrüppchen

die schalmei ist dem

brummgen subbaß zugetan

zimbelpfeichen zirpen keck der

rohrflöte entgegen

allein der bordun

schnarrt noch wie angewurzelt

an seinem platz

kann es nicht fassen

verharrt

seine zungen schmerzen schon

doch ringsherum im kirchenraum

schieben pfeifenleiber sich im

tangoschritt

die kanzeltreppe

rauf und runter

auf bänken tauf- und altargestein

blasebalg

prustet aus all seinen falten

da öffnet sich das portal

und heraus quellen all die

tanzenden klänge

und hinein schiebt sich

ein rattenschwarm

im ganzen land siehst du jetzt ratten

mit orgelpfeifen tanzen

sie streben der Küste zu

da ist kein halt vor der

meeresbrandung

schon schwebt der prinzipal

noch langsam walzig

klingend

folgen all die anderen

doch auch das ganze schwanzgewirr

tanzklangtrunken

will mit hinaus

so springt es hinein

in tönende wellen

verstopft drückt

totentanzpfeifen beginnen

qualvoll zu heulen

verblasen

taumeln

leiber würgen

sie ersticken

versinken im Meer

allein der bordun

mit seinem traurig tönenden

zungenklang

steht einsam da

im leeren totentanzorgelwerk

am Spieltisch

hockt

in sich versunken

fast leblos

der knochenkerl

sist zuviel sist zuviel

hört man ihn müde

auch tödlich gelangweilt

aus seinem brüchigen gebisse

zischeln

er tritt dann ab

um jahrhunderte gealtert

das portal

die gruft schließen

Die **Wandlung**

Ich vergrabe

meine Erfahrungen

unter

dem blühenden BirnenBaum

auf keiner SchatzKarte verzeichnet

wende ich mich

entschlossen

zögerlich

einer unendlichen Weite zu

dem NichtNutz entgegen

FingerZeig

Im MorgenGrauen vor meinem Fenster

ein FingerZeig

mutmaßen wähnen

sinieren grübeln

vom Höksken zum Stöksken

zum Höksken

der Tag zerfasert

hinübergerettet in einen Traum

steht da

in seiner ganzen Masse

so da

steht schauend

aus Tiefe herausschauend

in eine lange Weile

in eine lange Weile

im MorgenGrauen

vor meinem Fenster

äpfel des glücks

bei ganz besonderen

lichtverhältnissen

einem weich-melancholischen

sonnenschein

umfächelt

von würzigen see-luft-feen

lege ich roßäpfel

auf den

gepäckträger meines rades

balanciere sie

im großen bogen

über das eiland

und

gebe sie

an einen busch

roter rosen

äpfel des glücks

Die HasenPfütze

In den Nächten

vor dem vollen Mond

versammeln sich

die Hasen des Eilands

im Rund um eine großzügige Pfütze

auch im Trockenen

wie von ZauberHand gefüllt

eine SpiegelFläche der

ZusammenKunft

nah-bei-eng

die Löffel

zu einem Kranz geflochten

HasenLeiber InEins

die Pfütze mit einer PelzStola umlebt

aus mümmelnden Mäulern

und sonstwo

entweichen leise zischelnde Lüfte

voller Erleichterung

Hasen des Eilands

in Erholung

von hoppelnder Vereinzelung

in den Nächten

vor dem vollen Mond

freund von damals

freund von damals

Du

in meiner erinnerungscollage

mit geschlitzten augen

malen

mit wippender gauloises

zwischen klein- und ringfinger

malen

Paul Gauguin in die südsee folgen

ach unsere fluchtmarottchen

woanders sein im dasein

vieleskleinundzusamenschreiben

hastemalnekippe

bistwohlwoanders

wowillstedennwiederhin

deine liebe aus Paris

war unsere rettung

orange-gelbes licht in belgischer nacht

ein aufbrausender fahrer neben

lässigem wegweiser

in einem käfer verbogenes schlafen

der blieb in Paris

spontan

der aufbruch im Heinrich der VIII

couscous von unserem freund Jelali

der nicht zurück wollte

befohlenes ehejoch

er verschwand

freund von damals

auch du verschwunden

Dein geist auf der flucht

der mutter hinterher

Dein theologenvater ließ sich

entschuldigen

viel später

eine anrührende begegnung

Du einzelgänger

in einer wohngemeinschaft mit

medikamentenvergabe

ich verlor Dich aus den augen

freund von damals

in meiner erinnerungscollage

Neben der Spur

Am Rande eines Ackers

eine riesige Leinwand

auf der

spielt mein Leben

dann&wann

schau ich vorbei

kreisende SzenenFolgen

Bilder

auch wider dem UhrZeigerSinn

nehmen mich auf

mit ÜberMut

einem gewagten KöpstaBöllta

lande ich in einem

AllTag

sitze genüßlich auf einer

SonnenBank mit 3

prallgefüllten StrohSäcken

ich lausche Ihrem Gespräch

dem SpringBrunnen

den Flüchen eines Teufelchens

schippert bräsig hockend

in einem Holzschuh

über den Teich

Feldsteine entledigen sich

ihrer SchwerKraft

schmusen trollend

mit einer WindBöe

kichernd kehren ReisigBesen

ihr den Hof

steigen auf

zu einem WolkenTänzchen

derweil

in einer GartenEcke

wahrhaftig

eine Runde kräftiger Binsen

in ein philosophisches Gespräch vertieft

knuff ich den Sack

den nächsten

flüstere ihm

hier bleib ich

ganz für sich

wenn ich

in jenem dorf am see

den steilen weg

des berganhubs wähle

erscheint

auf der rechten seite

ein misthaufen

so akkurat geschichtet

warm dampfend

ganz für sich

HamningBerg

Vuotso-Vadsø-Vardø

Hamningberg - Hamningberg

BärenArschSiedeleien

zum NordMeer hin

SeelenLandschaften

tauschen sich aus

unerhört Unverdauliches verbleibt

in fruchtigen Beeren

versteckte Lebenselixiere

HamningBerg - HamningBerg

Du stiller verlassener Ort der Läuterung

am MeeresSaum

in dichter NebelBank

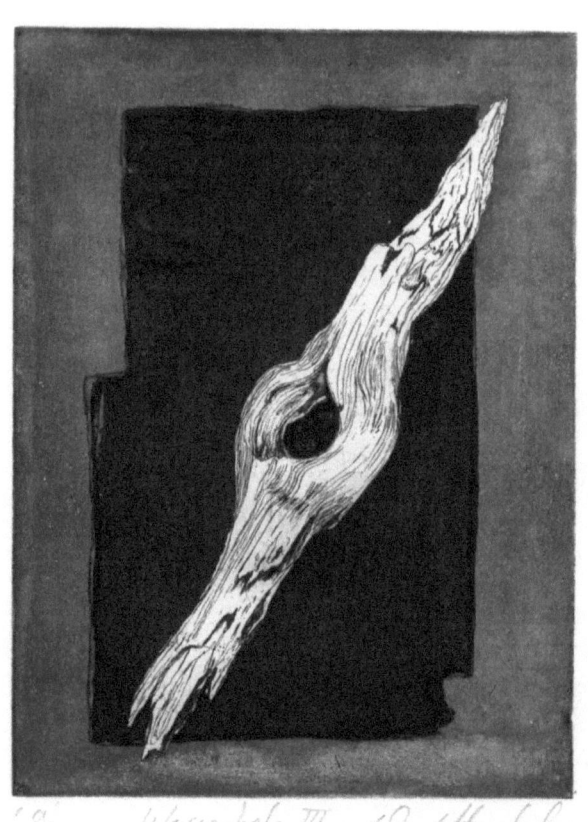

'a'   Wasserhole III   O. Ulthmlf 85

voll flirrender Einsamkeiten

mächtiger TraumBilder gefüllt mit

OrgelKlang

kunstvoll

wellenbeschliffenem WasserHolz

dem Knochen eines Urwesens

dem StimmKnauf einer Geige

dem ViolinSchlüssel

zum MeeresKlang

HamningBerg - HamningBerg

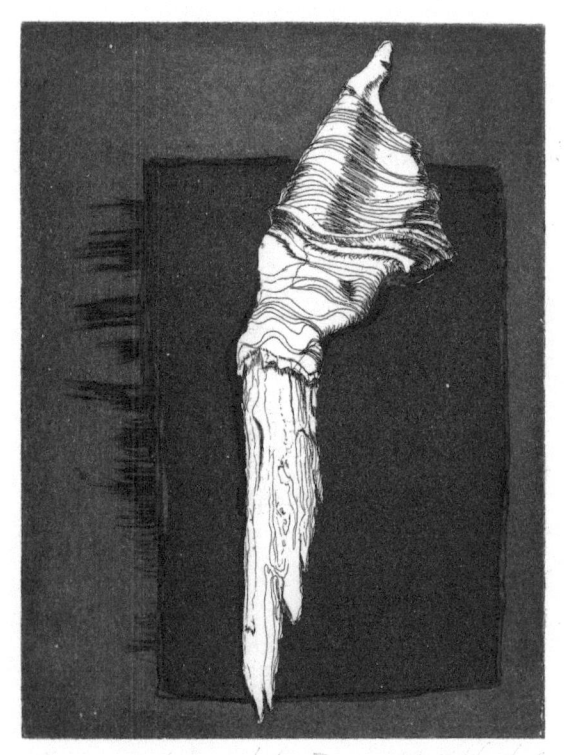

lerchengesang

ginster blüht

seine trauer

an zarten schwingen

so gelb

über das heidekraut

flieg maulwurf flieg

aus tiefer gruft wachsen dir flügel

tönt hochoben aus dir

lerchengesang

preßlufthammer poltert schon lang

nicht mehr

schrieb in den stein

lärmende stille

sag schwarzes pferd

sag schwarzes pferd

legst ohren an?

klappern hufe auf balsaltgestein

sturmmähne

sahst auch du

den schmetterling

flog letzte feuerrunden

ließ sich zeit

jetzt kauert er auf deiner kuppe

und lacht

in wolken voller erneuerung

liebesgedicht

wir kommen und gehen

sind uns gast

7 frische kilometer

zwischen unseren höhlen

mit freudigen tränen

begrüßt Du das erste grün

des aufziehenden frühlings

so wach zu mir herübergeteilt

Du meine Insel meine zuversicht

der ruf des kœchens

weht zart über das eiland

streichelt meine ohren

und öffnet mir die welt

hahnenschrei

höre!

hörst du?

zeiten

weilen

lange weilen

schwingen von fern

tropfen in deine ohren

gib der hoffnung zeit

zuFall

will dich treffen

hockt in dir gelassenheit

wenn der kuckuck ruft

laßt uns grautöne sammeln

inmitten von soviel kreativität und

sinnhaftigkeit

gesellt sich ein lob der langeweile

ein nichtstun mir zufällig

ohne impulse

in einer grauzone verharren

fern tickender zeiten

da IST mensch und ahnt vom NICHTS

wartezeit aus feuchten pausen

zwischen grauschleiern

auch auf bäumen und hochsitzen erhockt

all den zeitverstäubern entrückt

die wunsch- und sinnproduktion

steht still

sonnenaufgang

unendlichkeit

wo bist du?

windwolken die nicht tropfen

trockengrau der morgen

ohren hören den sonnenaufgang

heydens quartett

geigen hinüber zum sandwurm

der frißt panzer

panzer fressen

brennen quellen

teuflische männchen wüten für uns alle

spricht ein feldstein zum anderen

ich liebe dich

schattenlichter

in einem haufen vom

wetter duchwirkter balken

fand er einen der

vor allen anderen herausfand

aus seinem eckigen zuschnitt

der körper gerundet dort breit noch

verdichtet in kernigem astklump

wird schmaler hin zum ende

verjüngt

gab es hin in verrottung

tiefe furchen gruben sich in den

sommerwuchs seines baumes

winterlich trockenhart gepreßtes

konnte widerstehen

ich nahm ihn mit

vor all den anderen

herausgeschnitten zur stütze einer

behausung

fand dies holz zurück

zur sprache seines stammes

schattenlichter werden kommen

umpfangen erleichtern

gewichten

ausdruck stützen

den platz weisen

utopia

in einer

mittelgroßen kleinstadt

am rande der geest

wird ein indianer

zum bürgermeister gewählt

eifrig lodernde feuer

palaverplätze

3 wächterinnen des tabaks

hüterinnen

kunstvoll geschnitzten holunderholzes

bereit zum friedenspaff

tänze der harmonien

gesänge des ausgleichs

ausgleich wider der extreme

paradoxien in den alltag gepflanzt

stolpersteine regen an

zur behutsamen gangart

kreisläufen folgend

auf einer

überaus großzügig gebundenen

warteschleife

ein leben lang

hockender mann

hockender mann

bitte

erzähle mir

was siehst du?

unser beider sichtachsen

berühren sich

auf bergen

feilgebotener fischleiber

all diese aufrechten gestalten

um dich herum

hast dich davongemacht

in die hocke heruntergelassen

später

die straßenseite gewechselt

sehe ich dich

an der bordsteinkante

auf deinen fersen sitzen

trage einen koffer aus weidengeflecht

vor deine augen

ach komm

hockender mann

laß uns den bürgersteig fegen

ein tuch ausbreiten

in der hocke

unser picknick genießen

quatsch

einmal kräftig auf den

wortbusch geklopft

diesem dornigen

ohne berührungsängste

vor drallem-dreistem quatsch

ach quatsch

ohne dich

hätte alles bezüge

ohne dich

würde ringsherum sinn haften

ohne dich

wäre alles voller Bedeutung

festgeklopft

ohne spiel

ach quatsch

i mog di

auf pappe

in dieser

schwabberwabberwelt

von wenns & aber

phonischem schrumpfgesäusel

beliebiger uneindeutigkeit

auf einem pappschild

an der theke

meiner fischbraterei

dieser satz :

HEUTE GIBT ES
KEINE BRATKARTOFFELN !

mit selten klarem kopf

verlasse ich den laden

ein anfang

einen frisch

dahin geäppelten

roßapfelhaufen am wegesrand

mit zarten

kirschblütenblättern

bestreuen

das ist schon ein anfang

zuFall

eine hummel fliegt

sie fliegt weit aufs meer hinaus

rätselhaft

da unten

auf wilder berg und talfahrt

ein boot

mit heimathafen im

wiesengrunde

am heck ein

bunter wildblumenstrauß

zuFall

die frage

auf einer dieser

weltläufigen partys

die Luft schon sämig

von schmalemleicht

wortgerinsel

plötzlich

die frage

meines gegenüber

Bist Du In Kontakt

Mit   Dem Biest In Dir ?

Are You In Contact With The Beast

Within You ?

Der Kupfermann

Max S. gewidmet - dem tragischen
Eulenspiegel der Marktbeschicker

Da steht ein Strohdachhaus im tiefen

Wald die Mauern mit Balken durchzogen

wildsprießendes Rankwerk haftet daran

Fichten behüten diese Behausung

begannen ihr Wurzelwerk vor langer Zeit

und dort über all dem

siehst du den Birkenbaum thronen

schenkt diesem Platz Erleichterung

so gleitet der Blick

an schwarzweißer Säule empor

in zartes Geäst

dort ist Leben

wispern zittrigkleine Herzen miteinander

Im Unterhaus

umwuchert von dichtem Waldwuchs

ruft der Esel seinen Herrn

noch ist es Nacht

verschlossen

schlaftrunken

torkelt der zum Stall hinüber

schleppt Körbe voller Kupferreif

Amboss Hammer

auch ein Kästchen kostbar

Stanzwerk ist dabei

hängt all das dem lastgen Tiere an

setzt sich dazu

ein langer Weg beginnt

tripplig eifrig

ohne Hast

durchs Land durchs Land

der Stadt am Meer entgegen

dort ist Markttag

Stangengeklapper im Händlergewäsch

schlurfender Witz

vom lustigen Kaktusgriechen

prallvolles Kistenholz

herbeigebrummt

hängt an kräftigen Armen

findet seinen Platz

Jetzt reitet er ein

nach erstem Morgentrunk

noch vor der Stadt

entschlüpft

all dem schweigsamen

Waldabseitsleben

verpuppt

zum Anderen hin

Der Kupfermann

Hei Leute

moin ja moin

heut rollt das Geld

viel Geld

auch Dicke können verhungern

so muß der Rubel her

klatscht dazu den Eselhintern

das Tier muß nun warten

gebunden am Laternenpfahl

Esels Ohren

mögens schon lang nicht mehr hören

messianischer Schreigesang

so flappen sie ab

Kupfermann

inmitten seiner Körbe

vor ihm

der Amboß auf rundem Gestell

Handhammer schwingt

zum Quell aus seinem Munde

das ist der Stoff

aus dem die Träume sind

mit Kupfer

den Garaus diesem Reißen im Leibe

Gicht

weg mit diesem

RheumaRheuma

Schlaf störts nimmer mehr

Manneskraft kann wieder schwelgen

auch sie meine Damen

brauchen das Kupfer

drückt hartes Stanzgeschirr

kurzklare Friesennamen ins Weichere

Zeichen der Sterne

Gruppen von Blut

all das um den Arm

ein Zettel voller Garantie dazu

Knisterschein zu Schein

ein handlich Häufchen schon

unruhig zittriges Schweigen

im Verheißungsschwall

der Esel richtet die Ohren

Klänge voller Swingmelodien
wellen durch das Strohdachhaus
verdichten im Saxophonchor
schwirrt voll der Obertöne
das Trompetensolo
Schlagzeugwirbel
kugeln daher
und auch die Klarinette
zirpt keck
inmitten dieses luftigen Schwalls
der umpfängt
durchflutet
schenkt Ablösung

doch schon da wieder
gurgelt der Sekt
strammt sich der Ranzen
Kupfermanns beutlige Lungen

saugen an

zerrt swingende Stimme

rein ins Gebrüll

der Stoff - Gicht im Geldsack -

Manneskraft

auch sie meine Dame...

döst der Esel

trippelt zurück

das lastge Tier

in einen swingenden Traumklang

Das Haus am Watt

Nahe an der Steilküste , am Watt, ein
einsames Haus. Sturm zetert am
Reetdach. Die Dämmerung schluckt
langsam das Grauingrau. Die
Scheinwerfer eines brummenden Vehikels
nähern sich tastend auf dem Matschweg
heran, der von der Straße zum Haus führt.
Der Motor verstummt, ein Mann steigt
aus, Schritte auf Kies, halten plötzlich
inne:
Das gibts doch nicht - Licht ?? Der Mann
hastet zur Tür, öffnet sie, ein Hund knurrt.

Was, was machen sie hier? Wie sind sie
hier reingekommen? Wer sind sie?

Guten Abend.
Poikka aus ! Komm her - isjagut, isjagut.
Setzen sie sich doch. Möchten sie eine
Tasse heißen Tee ? Mit einem Schluck

Rum genau das Richtige, bei diesem
Wetter.

Lassen sie den Quatsch ! Ich möchte
wissen, was sie hier zu suchen haben?
Wie kommen sie dazu, in mein Haus
einzubrechen?

Hm, so beruhigen sie sich doch. Ich will
versuchen, es ihnen zu erklären. Sie sind
selten hier.

Sie, sie verlassen jetzt sofort mein Haus,
oder ich rufe die Polizei !!

Ihr Haus? Polizei? Was soll das?

Jawohl, mein Haus, mein Besitz, mein
Eigentum! Wissen sie überhaupt was das
ist - Eigentum?

Besitz interessiert mich nicht. Der Platz ist
frei. Er hat auf uns gewartet. Lange Zeit
waren wir unterwegs, auf der Suche. Hier
möchten wir bleiben.

Sie sind ja verrückt, total verrückt!

Frrrei? Tzah!

Polizei? Kommen sie sofort her! Ein Einbrecher in meinem Haus, wie? Ja, er ist noch hier. Ich, ich werde ihn nicht entkommen lassen! Wex ist mein Name, das alleinstehende Haus an der Steilküste Süderwall. Beeilen sie sich! Ja, danke.

So, jetzt werden wir ja sehen, wo sie bleiben. Ich fürchte, ihr neues Zuhause wird weniger idyllisch ausfallen.

Haben sie was gestohlen? Wo ist der Schrank geblieben? Die Sessel, Bilder, wo haben sie die Bilder gelassen??

Die Bilder gefielen mir nicht. Ich habe die Sachen auf dem Boden verstaut. Nichts ist gestohlen. Der Raum war zu voll. Es vertrug sich nicht, mit der Weite da draußen.

Es vertrug sich nicht mit der Weite da draußen: Unfaßbar!

Wie lange hausen sie hier schon ?

Einige Monate. Die ersten Tage blieben
wir unten am Strand, dann war ich mir
sicher…

Was soll das heißen: Sie waren sich
sicher?

Daß dieser Ort der richtige ist, wichtig für
uns. Jetzt. Dieser Hund…?

Was ist mit dem Köter? So ein schwarzer
Bastard, dem hier verdammt ähnlich,
streunte schon häufig hier in der Gegend
herum. Ich war drauf und dran, den
Jagdpächter zu benachrichtigen.

Dieser Hund - , er lief mir zu, noch bevor
ich dies Haus erreichte, einige Kilometer
von hier, unten am Watt. Er blieb bei mir.
Es war, als wären wir schon
lange Zeit alte Bekannte.
Auch dieses Haus, schien er zu kennen.
Sofort war er bereit,
mit hineinzuschlüpfen.

Poikka, jajadePoikka…

Tot und Teufel ! Ich muß mich setzten.
Sowas verrücktes ist mir…
Da kommt einer her, lacht sich vorher
einen Köter an, steigt in mein Haus ein,
schleppt die halbe Einrichtung auf den
Boden und erzählt mir, als sei es das
Normalste von der Welt…
Ach, was rege ich mich auf - die Polizei
wird gleich hier sein, dem Spuk
ein Ende machen!
Überhaupt, merkwürdig,
wie lang das dauert?

Möchten sie vielleicht jetzt einen Tee?
Warten sie, ich hole ihnen eine Tasse.

Oh, sehr liebenswürdig,
daß ich das noch erleben darf!
Ein Einbrecher in meinem Haus, entpuppt
sich als aufmerksamer Gastgeber.

Bedienen sie sich. Rum ist genug im Haus
und auch sonst, wir sind gut versorgt.

Danke, Danke, ich bin so frei,
unglaublich…

Es ist wirklich ein Genuß, unten im Dorf, in
diesem kleinen Krämerladen, sich das
Netz, mit dem Nötigen zu füllen:
Schwarzbrot, Käse, Äpfel, Kaffee und Tee,
Rum, Tabak und Feuer. Auch all die
Strünke für ein heißes Süppchen sind da.
Der alte Krämer hockt, den ganzen Tag,
hinter seiner Kasse, wie ein Wachhund,
und läßt seine Tochter wirbeln. Ich sprach
einige Sätze mit ihr. Bald wird sie den
kleinen Laden allein versorgen.
Der Alte sei mittlerweile zu klapprig.
Ich fragte sie, ob es sich noch lohnt? Sie
sagte, es wird schon reichen.
Prost, auf ihr Wohl!

Sagen sie mal, was erzählen sie mir da
alles? Ihre kargen Eßgewohnheiten
interessieren mich leidlich wenig und
dieser Ramschladen ebenso.
Was mir viel wichtiger ist: Was würden sie
tun, wenn ich sie jetzt am Kragen packe
und achtkantig aus dem Haus werfe?

Prost, auf ihr Wohl!

Poikka, ruhig!
Es wäre, so scheint mir, ein Erlebnis wert.
Aber, ich bin mir fast sicher,
sie werden es nicht tun.

Hm, tja, ich glaub, sie haben sogar recht,
ich werde es nicht tun,
weiß der Teufel, warum?
Die Polizei, tzah, hat scheinbar mal
wieder, was Wichtigeres zu tun.

Ich werde mal nach dem Feuer sehen.
Holz ist genug da. Ich habe es an der
Ostwand gestapelt.
Eine neue Gasflasche
habe ich auch besorgt.
Ja, schenken sie ein, er ölt gut, hm?
Brauchen wir noch Tee?

Mein Gott, sie sind der geborene
Hausmeister. Wo haben sie eigentlich
gewohnt, bevor sie sich hier
breitmachten?

Ooch, mal hier mal dort, ein alter Hof, zum
Schluß in einem Bus…
Ach du Schande, der Tee!

Macht nichts, wir haben ja noch Rum.

Naja, ich hoffe er ist nicht zu stark
geworden.
Der Sturm, hören sie, das Dach?!
Die Flut wird in der Nacht bestimmt den
Strand überschwemmen,
den Steilhang erreichen.
Dicke Brocken rutschten schon.
Noch eine OrkanNacht,
das Haus ist bedroht!

Jooch, sie könnten rechthaben. In der
nächsten Zeit, muß hier etwas passieren.
Aber, so eilig ist es nicht. Dieses alte
Gemäuer, fast 200 Jahre
hat es auf dem Buckel.
Ich erbte es, von meinen Großeltern.

Es wird wohl noch ein
Weilchen standhalten.

Sobald Zeit kommt, weiß der Henker,
wann das sein wird, geht es los,
mit der Renovierung.
Schon merkwürdig, ich konnte mich nie
entschließen, es zu verkaufen, obwohl ich
selten hier bin, mich wenig drum
kümmere. Die Leute haben mir die Bude
eingerannt. Vielleicht…

Sie wollen renovieren?
Was werden sie tun?

So genau weiß ich es noch nicht, aber,
ich stell mir vor:
Der Boden wird ausgebaut, ein neues
Dach, natürlich wieder Reet,
wie es sich hier gehört,
mit einer Gaube, Meeresblick!

Sie, sie wollen das Dach zur Wasserseite
hin öffnen?

…und dann hier drinnen: Heizung, die
ganzen Sanitärgeschichten, gucken sie

sich doch mal um, hier ist nichts. Kaum
vorstellbar, wie die zwei Alten
in dieser Bruchbude
gehaust haben müssen.
Haben sie noch einen?

Er rutscht allerbest.
BrrrTeufel, tut das Zeug gut!

Ich glaub, wir können den Tee
für heute vergessen.
Buahh, wenn ich diese staubigen,
vergilbten Tapeten sehe - ich denk mir,
da kommen Kacheln ran,
schön blau gemustert.
Das hat Atmosphäre, sage ich ihnen,
und dazu pflegeleicht.
Bei so einem offenen Kamin, der gehört
hier natürlich rein, wirbelt ja einiges
durch die Luft.

Sie haben viel vor, mit dem Haus.
Man wird es nicht wiedererkennen, wenn
all das getan ist.

Das garantiere ich ihnen! Schon bei der
Auffahrt fängt es an:
Dieser sumpfige Matschweg wird natürlich
aufgeschüttet, der Vorplatz befestigt, eine
eindrucksvolle Außenbeleuchtung muß
her, in dieser dunklen Ecke.
Die Eingangstür aus Eiche, links und
rechts alte Kutscherlampen,
oach, ich seh es schon vor mir:
Eine Puppenstube wird das, JungeJunge!
Wissen sie, mal ganz im Vertrauen: Es
wurde mir immer leicht unheimlich in den
letzten Jahren, wenn ich oben von der
Straße in den Matschweg einbog und
schon von weitem im
Scheinwerferlicht die Umrisse dieses
schwarzen Gemäuers sah. Ich weiß bis
heute nicht warum…
und noch seltsamer: Als ich vorhin,
unerwartet, die erleuchteten Fenster sah,
hatte ich für eine Sekunde das Gefühl,
ich komme nach haus.
Verrückt, naja, ich glaub, ich rede
ziemlichen Blödsinn . Sie gucken mich so
an…? Der Rum scheint zu wirken.

Überhaupt kein Blödsinn, was sie sagen.
Es erscheint mir nicht fremd.
Ich kenne das, gut.

Was sollte das bedeuten, dieser Platz sei
frei? Er sei wichtig für sie?
Sie haben doch tatsächlich es geschafft,
mich neugierig zu machen.

Ich will versuchen, obwohl, es fällt mir
schwer, die richtigen Worte zu finden…
Es war, es war ein wunderschöner
Morgen, als ich in diese Gegend kam. Die
Stiefel zusammengebunden über der
Schulter, glitschte ich durch das Watt.
Überall ein Blitzen und Funkeln. Die
Sonne war gerade aufgegangen.
Kein Wind. Etwas milchiges Licht. Man
konnte es riechen, Herbstzeit begann,
etwas modrigrauh, ein Hauch von
Holzfeuerrauch in der Luft.

Ja und, erzählen sie, erzählen sie weiter!

Dann, erlebte ich Merkwürdiges. Zuerst
dachte ich, da liegt eine verfaulte

Apfelsine im Matsch.
Ohne zu überlegen,
bücke ich mich danach.
Ich finde eine Klumpen Bernstein.
Ich stehe da, reibe ihn sauber,
bewundere seine Farbe,
die eingeschlossenen Schatten.
Ein schwarzer Hund springt den
Steilküstenabhang hinunter,
läuft über den Sand, direkt auf mich zu.
In diesem Moment war mir,
als zischle dort ein Blitz,
das Leben in einer Sekunde,
alles vor meinen Augen.
Der Hund rieb seinen Kopf an meinem
Bein, kaum daß er schnupperte.
Von da an blieb er bei mir.

…und, reden sie, was ist mit diesem
Platz? Diesem Haus? Was soll das
heißen, frrrei?

Ich, ich weiß es nicht mehr. Es war so.
Suchen und Finden.

Vollgepackt in Wartezeit hocken.
Im Wandern, einen Platz erreichen .
Da tut sich etwas auf: ZuFall.

Oh, du Rumseligkeit, es fällt mir wirklich
schwer, ihnen zu folgen. Ehrlich gesagt,
na, kommen sie, nehmen wir noch einen!

Da draußen, diese langen Schlieren,
Himmel, Wasser, Matsch, Stein, Sand,
Küste und Land.
Vor den zerfetzten Fichtenbürsten,
brannte im Herbst oft ein Feuer.
Das fehlte noch, so war alles beisammen.
Langweile ich sie?

Nöh, nöh, ich höre einfach zu…
Wer kann das sein? Motorgeräusche?
Erwarten sie noch jemand?

Ich, nein, aber…

Das hat uns ja noch gefehlt, völlig
unpassend, jetzt! Werde mal nachsehen.
Guten Abend.

Guten Abend. Sind sie Herr Wex?

Jaa…?

Entschuldigen sie mein spätes Kommen,
aber heute nacht lief auf der Wache
das Telefon heiß.
Es war einfach zuviel,
für unseren Einmannbetrieb.

Ich versteh sie nicht ganz Herr
Wachtmeister, wie,
wie kann ich ihnen helfen?
Ach…, ja, richtig…!

Sie sind doch Herr Wex?! Sie riefen am
Abend die Wache an, ein Einbrecher sei
in ihrem Haus, das stimmt doch, oder?

Jajaja, sie haben völlig recht, ich
telefonierte mit ihnen, hab es völlig
vergessen. Ich, äh, ich hätte ihnen
Bescheid geben müssen. Es war ein

dummes Mißverständnis. Der junge Mann dort, ist ein weit entfernter Verwandter von mir, hab ihn jahrelang
nicht mehr gesehen , war total überrascht, erkannte ihn nicht,
saß einfach hier…! Ich dachte, da wollt mich einer…
Ach entschuldigen sie, Herr Wachtmeister, es hat sich mittlerweile alles aufgeklärt.
Kein Einbrecher, wirklich ein Verwandter.
Kommen sie, kommen sie, darf ich ihnen was anbieten? Einen Kleinen zum Aufwärmen, ist doch bestimmt auch der Polizei nicht verboten.

Oh, bitte nicht im Dienst! Wirklich eine merkwürdige Geschichte, mit ihrem Einbrecher, Herr Wex. Ein Verwandter? Konnten sie das nicht vorher feststellen?

Sie haben ja ganz recht, Herr Wachtmeister, es war völlig übereilt von mir. Aber kommen sie doch, Einen, in dieser Sturmnacht?!

Nein danke, Herr Wex, ich will mich dann
verabschieden, und für das nächste Mal,
bitte mehr Besonnenheit! Gute Nacht!

Gute Nacht, Herr Wachtmeister und
entschuldigen sie noch einmal
diese unnötige Störung.
Donnerlitchen, das war ja n`Ding, hatte
den Anruf tatsächlich vergessen.
Nun, Herr Einbrecher, sind sie ein
Verwandter von mir, ein einst
verschollener Neffe?
Prost Neffe!
Wo waren wir stehengeblieben, bevor der
Schutzmann pochte?

…stehengeblieben…stehengeblieben?
Wo? Boah - dieser Rum…
In diesem Haus, all die Balken, sie leben.
Risse durch Jahrzehnte. Die Kellergruft
unter der Küche, kalt, feuchtkalt. Die Luke,
sie gibt Ton, auch die Türen, die singen,
jede auf ihre Art. Dann die Stiege hinauf,
die schmale,

dort, noch höher, Füße, wie auf dem
Orgelpedal, tönt das Treppenregister zum
Boden hinauf.
Da oben, auch da, dichten
Bilder aus Jahrzehnten,
steht ein Wesen und kackt,
Berge voller Scheiße,
braunschwarz zu Klumpen getrocknet,
Feuchtes auch dort in die Decke
gesickert.
Truhen, voller Botschaften, wispern vor
Ungeduld, wenn der Deckel sich hebt:
Wer soll all das verstehen?

…ein kackendes Wesen…haha, du bist
mir einer!

In diesem Gestank, eine notdürftig
abgetrennte, dunkle Kammer,
ein Bettgestell.
Da liegt einer und döst, der hat Zeit,
der kann warten.
Wenn aber die Dunkelheit kommt, der
Fensterblick an der Scheibe verpufft,

wird es eng hier.
So ging ich häufig hinaus
und blickte hinein:
Da war Licht, ein klar umgrenzter Raum,
voll hinein gebrannter Wärme.
Am Tage, da draußen, die weite
Wattenplatte, wo nichts den Blick stört,
wo er sich festhält
an den dünnen Stangen der Aalreusen,
voller Angst, sich zu verlieren.

Auch du machst mir langsam Angst,
Neffe! Kannst den Rum
nicht vertragen, oder?
Ich erkenne das Haus nicht mehr?
Was machst du mit diesem Platz?
Was geht in dir vor?
Wer liegt da und döst und hat Zeit?

Poikka, jajade Poikka,
mein schwarzer Strandläufer,
du guckst mich so an, was ist?
Komm, wir gehen noch eine Runde,
lassen uns vom Wind zausen,
komm Poikka!

Thomas Böndell, geb. 1951 in Bielefeld,
aufgewachsen in Ostwestfalen.
Ausbildung zum Orgelbauer. Später
Sozialarbeiter / Dipl.Pädagoge.
Mittlerweile fest verwurzelt zwischen den Meeren.
Seit vielen Jahren SchreibVersuche.
Beschäftigung mit dem DokumentarFilm.
Lesungen mit dem Trio Wort&Ton.
(www.triowortundton.net)
Erzählende Lyrik, verbunden mit feinen
Jazzimprovisationen auf dem Saxophon.